OS MBYA GUARANI

Aldeia Tekoá Kurity

OS MBYA GUARANI

Aldeia Tekoá Kurity

Arno Alvarez Kern

Cacique Marcelino Kuaray Nhe'ery

Libretos

Porto Alegre
2025

Estas páginas nos abrem novos horizontes para um passado perdido na memória do tempo e finalmente recuperado pelas pesquisas recentes.

O objetivo desta publicação é a busca das raízes de nossa herança social e cultural. Ou seja, o legado de nossos antepassados, de todas as origens e de todos os tempos.

Queremos evidenciar os caminhos que devemos explorar para conhecer a história do povoamento do Sul do Brasil, sobretudo a contribuição dos povos originários.

Muito já se falou sobre as contribuições dos açorianos, dos alemães, dos italianos, dos poloneses etc. Diversas foram as práticas culturais que, junto conosco, escreveram essa história ao longo do tempo.

Trata-se de descobrir também quais são as colaborações dos povos indígenas que auxiliaram na formação de nossa cultura.

Com certeza, a participação dos aldeões mbya guarani foi uma das que mais contribuíram. Eles são hoje considerados como importantes agentes sociais para explicar as mudanças culturais modernizantes, ocorridas há mais de dois mil anos, no Sul do Brasil.

Ha'evete!

Gratidão.

A aldeia Tekoá Kurity fica em Canela, no Rio Grande do Sul, Brasil

Acima, plantações de milho e mandioca

Primeira migração

Os caçadores nômades

Até 20.000 anos, na América, predominaram as paisagens geladas, tanto na Patagônia ao sul, como no Canadá ao norte. A grande geleira que se estende desde a Antártida até o Rio da Prata, bem como a imensa calota glacial setentrional que transforma os hemisférios sul e norte em desertos gelados e ainda totalmente despovoados.

Após o auge da última Era do Gelo, as condições ambientais melhoraram. Provenientes da Sibéria, grupos nômades de caçadores começaram a se expandir para o sul, atravessando os territórios que são hoje o Canadá e os Estados Unidos, dando então início ao po-

20 mil anos antes do presente
Era do Gelo

12 mil anos antes do presente
Desbravadores na Bacia do Prata

voamento da América. Migraram sempre caminhando por pradarias com vegetação aberta. Ou acompanharam litorais com praias de areia fina. Sempre encontraram fartos recursos alimentares. E assim penetraram pouco a pouco na América meridional, em paisagens que são hoje brasileiras.

Esses grupos de desbravadores chegaram à imensa bacia do Rio da Prata. Foi um lento processo de expansão e povoamento de vastos territórios, com paisagens muito diversificadas, realizado por uma população ainda muito pequena. Jamais os animais que ali viviam tinham anteriormente visto homens. E muito menos caçadores em ação, com seu equipamento de caça.

Em todas as paisagens do imenso continente americano encontraram uma variedade muito grande de plantas e uma fauna de grande porte, sobretudo de herbívoros, que se alimentavam desses vegetais.

As mudanças ambientais e a ação desses novos caçadores provocaram a extinção da megafauna. Paleolhamas, bisontes, mamutes, pequenos cavalos, tatus e preguiças de grande porte desapareceram.

No Sul do Brasil, os grupos indígenas de caçadores-pescadores-coletores dessa primeira migração rea-

6 mil anos antes do presente
Equipamentos de caça na Patagônia

4 mil anos antes do presente
Equipamentos de caça no Sul do Brasil

lizaram adaptações culturais em diversos ambientes, não apenas no final da Era do Gelo, mas ao longo de todo o período pós-glacial. Transformaram as matérias-primas naturais, sobretudo pedras e ossos, em objetos e equipamentos essenciais para o desenvolvimento da cultura material dos humanos.

Uns foram caçadores, pescadores e coletores marinhos de moluscos nos sambaquis do litoral, pescando com redes e anzóis. Esculpiram magníficas esculturas em basalto e ossos de baleia polidos, reproduzindo animais da fauna local, com extraordinário realismo (zoólitos).

Outros, utilizando-se de arcos, flechas e lanças, foram caçadores de emas e de veados do campo, nas amplas coxilhas pampianas, onde produziram uma rica arte de gravuras. Eram hábeis na fabricação de lâminas delgadas, lascadas sob pressão e com gumes serrilhados que geraram facas afiadas e diversos tipos de pontas de lança e de flecha. As boleadeiras, invenção excepcional dessa época, surgiram nas extensas pradarias da Patagônia, por volta de 6.000 A.P. (antes do presente, e no Sul do Brasil um pouco mais tarde, há 4.000 anos.

Muitos seguiram as gralhas azuis e colheram os pinhões dos pinheiros araucária,

Araucária

Porco- do-mato

em todo o planalto. Caçaram veados das florestas (**mazama**) e porcos-do-mato (**pecari**).

Eram grupos pequenos, de aproximadamente 50 indivíduos. Mas com tecnologias líticas muito avançadas, como o demonstram os zoólitos e as bolas de boleadeiras polidas. As pontas de flechas e de lanças com gumes serrilhados eram confeccionadas por lascamento sob pressão, com a ponta dos chifres de veado. São evidências que nos comprovam a capacidade cerebral desses primeiros artesãos da pedra lascada.

O nomadismo foi sempre intenso, sendo os acampamentos ocupações sazonais. São diversos os motivos que levam os grupos humanos a se deslocar, ocupando novos territórios e novos espaços. Podemos lembrar as mudanças ambientais climáticas e os fatores demográficos. Mas não devemos ignorar as características tipicamente humanas, como o gosto pela aventura e a curiosidade, a audácia e as motivações econômicas e culturais.

Os Guarani aldeões-horticultores

As migrações da floresta tropical

A partir de 12.000 anos A.P., modificaram-se finalmente as paisagens geladas da última glaciação, em todo o planeta. Após milênios de predomínio do frio seco, do granizo, da neve e dos ventos gelados, o ambiente ficou cada vez mais quente e úmido, com abundante pluviosidade e expansão das coberturas florestais. As novas condições ambientais eram mais fa-

12 mil anos antes do presente
Cada vez mais quente e úmido

4 mil anos antes do presente
Aquecimento pós-glacial

voráveis e estimularam o desenvolvimento da flora e da fauna. Ocorreu, então, uma das mais importantes revoluções tecnológicas da história, em diversos locais, nos diversos continentes. Surgiram sociedades complexas, nas quais o nomadismo da caça e da coleta cedeu lugar à vida sedentária em aldeias próximas aos plantios e aos rebanhos.

Mudança de hábitos

A partir de 4.000 A.P., importantes transformações culturais ocorreram, ao longo do período pós-glacial. Foram as condições mais favoráveis as responsáveis pelas alterações nas relações entre as sociedades humanas e o ambiente.

Um dos destaques foi a pecuária. Inúmeros animais que já eram gregários, mas ainda selvagens, foram domesticados. Pouco a pouco, surgiram manadas de porcos, cabras, bois, vacas, cavalos, camelos, lhamas, galináceos etc.

Outro destaque foi a horticultura e a domesticação de inúmeras plantas nativas. Passaram a plantar em pequenas hortas o que antes era obtido pela coleta. Na China, produziu-se o arroz; no Oriente Próximo e na

2 mil anos antes do presente
Seca e deslocamento de populações

1 mil e 500 anos antes do presente
Prolongada seca

Europa, o trigo; na América Central e do Norte, o milho; na América do Sul, a mandioca doce e o milho.

O milho é a única planta inexistente em estado selvagem e incapaz de se reproduzir sozinho. Foi "inventado" pela mão do homem, a partir de manipulações e de hibridizações de uma gramínea, o teosinto. Uma parte dos grãos produzidos é deixada ao sol, para secar. No momento do plantio, abre-se uma pequena cova no chão, com a extremidade de um galho. São enterrados ali três grãos de milho. O pé de milho que cresce oportuniza uma meia dúzia de espigas, que alimentam diversos indivíduos. As espigas mais antigas não tinham mais do que uns dez centímetros de comprimento. Atualmente chegam a ter de vinte a trinta centímetros, com muito mais grãos e uma rentabilidade ótima.

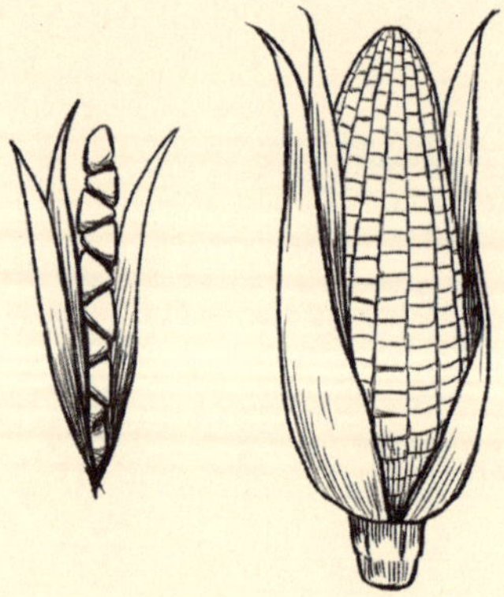

Teosinto **Milho**

Centro de invenções na Amazônia

No centro de invenções da Amazônia, foram diversas as modificações sociais e culturais, todas elas da maior importância para o continente americano e para a nossa sociedade.

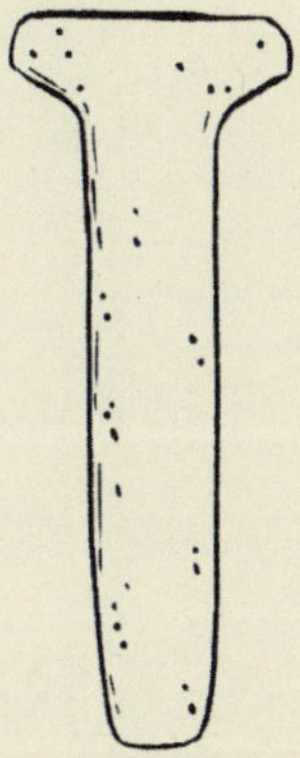

Tembetá

Inventaram a grande casa (**oca**) para abrigar as famílias extensas. Instituíram a vida estável em aldeias, sob a liderança de caciques e pajés.

Criaram a cerâmica com decoração policroma e várias formas, das pequenas tigelas às grandes igaçabas. Implantaram a arboricultura de arbustos e árvores frutíferas, o que resultou nos pomares que se expandiam em torno da aldeia.

Desenvolveram a tecnologia dos instrumentos de pedra polida, como as lâminas de machado e os tembetás, por exemplo.

Casa de rezas no tempo presente, na Aldeia Tekoá Kurity

E utilizaram em larga escala as madeiras e as fibras vegetais, como as taquaras, os cipós e o algodão. A cestaria e as redes para dormir são um exemplo disso.

Nos Andes, a domesticação de animais originou a pecuária com rebanhos de animais gregários: lhamas, vicunhas e alpacas. Foi uma mudança drástica nos modos de vida da humanidade. Contrastando com os ricos rebanhos da pecuária de outros centros de invenção, a domesticação de rebanhos de animais sul-americanos foi sempre limitada. Podemos exemplificar com o peru na América setentrional e os camelídeos (lhamas, vicunhas e alpacas) na América meridional. E alguns raros animais domésticos (araras, papagaios, saguis, preguiças terrícolas).

Expansões tupi-guarani

Entre 2.000 e 1.500 anos A.P. um prolongado episódio de seca reduziu as áreas florestais da planície amazônica. Isso obrigou muitos grupos aldeões a migrar, visando viabilizar a sua sobrevivência. As comunidades que falavam o idioma tupi-guarani participaram de três grandes deslocamentos de populações, em busca de paisagens dominadas pelas matas tropicais e subtropicais, com as características de seu **tekoá** (morada) de origem.

Os **Tupi** procuraram o litoral norte e nordeste do Brasil, instalando-se em aldeias próximo ao mar. Os **Chiriguano** voltaram-se para os Andes, chegando a avançar sobre as fronteiras do império incaico. Os Guarani expandiram-se em direção ao sul, pelos vales dos Rios Paraguai, Paraná e Uruguai. Instalaram-se nas imensas áreas de terras baixas, do Trópico de Capricórnio à foz do Rio da Prata e das margens do Rio Paraguai ao Oceano Atlântico.

Lá encontraram o seu tekoá, povoaram as florestas tropicais e subtropicais quentes e úmidas, próximas às várzeas férteis dos vales dos rios dessa região e ao longo da planície litorânea. **Mbya, Tape, Carijó, Arachane, Xeta** são algumas das designações desses grupos.

Importante etnia indígena que se estabeleceu no Brasil meridional, os **Guarani** foram horticultores aldeões neolíticos semissedentários. Contribuíram com o maior aporte cultural e populacional indígena à sociedade que se formou em nossa região.

Nas sociedades de caçadores, a idade média dos indivíduos era de 40 anos. Com a pecuária e a horticultura, passou a ser de 60 anos. A longevidade significou uma temporabilidade maior de utilização do cérebro pelos membros das etnias. Assim garantia um maior sucesso na passagem dos conhecimentos de uma geração à outra.

Hipóteses de migrações no mundo

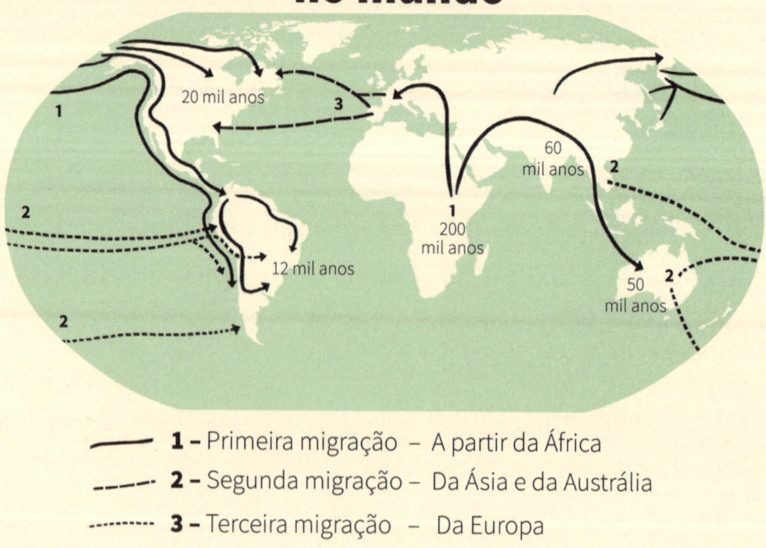

No Rio Grande do Sul

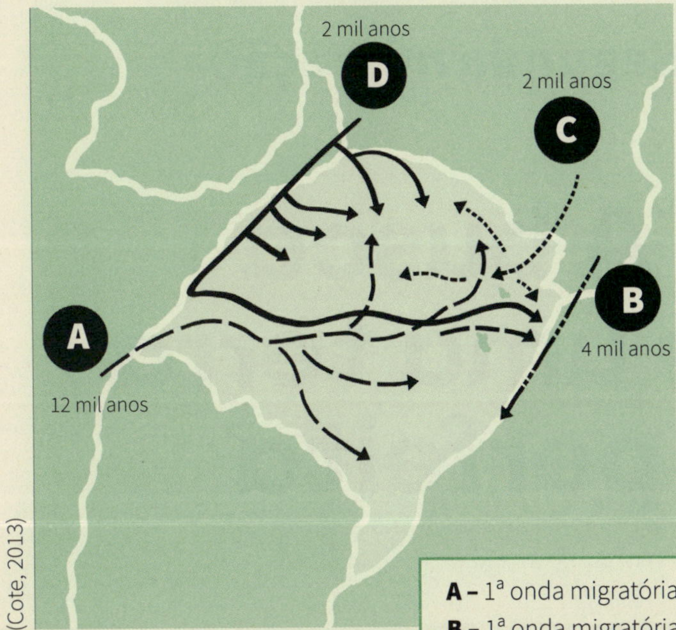

A – 1ª onda migratória (caçadores e coletores)
B – 1ª onda migratória (caçadores, pescadores e coletores)
C – 2ª onda migratória (horticultores Kaingang)
D – 2ª onda migratória (horticultores Guarani)

Segunda migração

A busca de uma terra perfeita

Antas

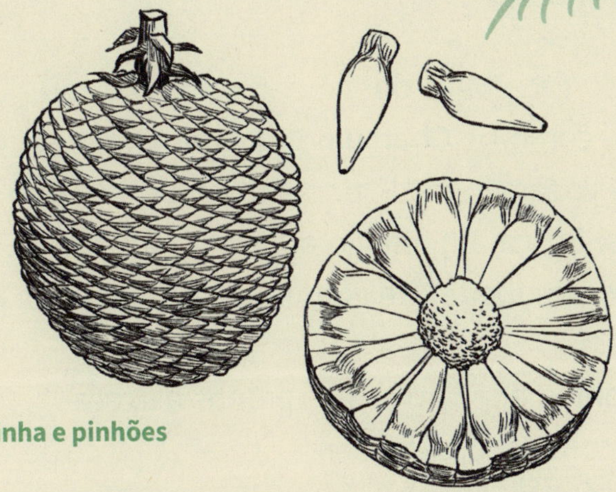

Pinha e pinhões

Os grupos de caçadores-coletores-pescadores nômades, instalados em nossa região desde o final da Era Glacial, foram submetidos a um processo de **guaranização cultural** que difundiu as inovações modernizadoras neolitizantes, tais como a vida semissedentária em aldeias, a cerâmica e a domesticação de plantas nativas. Mas os Guarani foram também influenciados, pois adotaram a coleta do pinhão do pinus araucária, para a alimentação. E o mate, como bebida, obtido das folhas da *Ilex paraguariensis*. Eram produtos típicos do Rio da Prata, colhidos e consumidos pelas populações já instaladas nas florestas locais.

Outras comunidades étnicas que participaram dessa segunda migração ocuparam as densas florestas de araucárias do alto do Planalto meridional, como os **Kaingang** e **Xokleng**. Ali se instalaram habitando aldeias de casas subterrâneas para se protegerem do frio invernal.

Grupos de caçadores que já habitavam os campos da região, como os **Charrua** e os **Minuano**, fugiram desses deslocamentos de populações de aldeãos e horticultores. Buscaram refúgio mais para o sul, nas imensas planícies cobertas de gramíneas, dos Pampas e da Patagônia.

Os **Guarani** impunham-se aos grupos de caçadores que iam encontrando, defendendo a manutenção de sua identidade étnica. As aldeias tinham de cem a quatrocentos habitantes. Tinham, pois, um número elevado de guerreiros, com suas habilidades bélicas do combate individual com tacapes, lanças, arcos e flechas.

Os **Mbya** procuravam novas áreas da floresta para a instalação das aldeias, em um solo ainda virgem da ação humana, visando à recriação contínua de seu **nhandereko.** Tratava-se de buscar uma terra sã, e por isso sem mal. A busca da terra perfeita. Essas migrações fazem parte do modo de ser guarani: estar sempre a caminho (**oguata**).

O bom caminho

Os **Mbya Guarani** caminham quando um grupo de guerreiros parte em busca da proteína animal da caça. Ou quando um grupo feminino de coleta penetra na floresta em busca de legumes, de frutos, de palmito ou de mel. Finalmente, quando os animais tornarem-se arredios ou os alimentos começarem a rarear, os Mbya caminharão em busca de um novo lugar para instalar sua aldeia. Será onde a palmeira jerivá indicar o lugar ideal. Os Mbya cantam:

"Jajeói jaguata, tape porã meme jajavy eme tape porã"
(Vamos caminhar no mesmo bonito caminho, sigamos sempre no mesmo bom caminho).

Erroneamente alguns pesquisadores pensaram ser essas migrações originadas por instigações proféticas e movimentos messiânicos, à procura da Terra sem mal (**Yvy marã e'ỹ**), liderados por poderosos xamãs (**karai**), localizada quase sempre no Oriente, onde nasce o sol (**kuaray**).

Esses grupos viviam em aldeias de padrão amazônico. Um grande espaço central (**okara**) redondo ou oval era destinado às atividades comunitárias, danças e rituais. Grandes casas ovais e elípticas (**ogas ou ocas**) distribuíam-se em torno, abrigando famílias extensas, compostas por famílias nucleares com dois filhos, primos, tios e avós. A horticultura e a pecuária estão diretamente relacionadas a uma progressiva sedentarização desses grupos de aldeões, em habitats permanentes.

Caminhos levavam das ocas às hortas familiares (**abambaé**), plantadas em pequenas clareiras abertas nas florestas. Essa horticultura produzia importantes estoques de recursos alimentares. O consumo de diversos tipos de frutas deu origem a pomares muito diversificados, no entorno das aldeias. Mesmo quando os Guarani mudavam a aldeia de lugar, os arbustos e a árvores continuavam a produzir frutos ao longo das estações do ano. Assim, podiam continuar a ser eventualmente colhidos.

Não existiam pés de erva-mate na Amazônia. Assim, quando os Guarani chegaram ao Rio da Prata, a *Ilex paraguariensis* foi uma espécie vegetal que adotaram, acrescentando à sua dieta o mate, uma bebida muito estimulante devido ao seu alto teor de cafeína. Adota-

ram também o hábito local da coleta do pinhão (**kuri-ty**), altamente nutritivos, em meio às matas de pinheiro pinus araucária do Planalto meridional.

Construções sólidas

Desenvolveram boas técnicas para a construção de sólidas e amplas casas de madeira e cobertura vegetal (**ogas ou ocas**). De formas redondas ou ovais, são uma das grandes inovações dessa época. As grandes casas substituíram as cavernas, bem como os abrigos rudimentares construídos com galhos e folhas, oportunizando calor e conforto. A ocupação desses abrigos

mais sólidos levou às habitações permanentes e à sedentarização gradual, bem como à vida em aldeias e à comunidade aldeã. Desenvolveram um variado artesanato em fibras vegetais nativas, elaborando tecidos em algodão (redes para dormir) e cestaria: formas e decoração variadíssima.

Confeccionavam recipientes cerâmicos de formas e funções diversificadas, com decoração plástica e pinturas de belos motivos geométricos, em branco, vermelho e negro. Faziam panelas, tijelas e grandes recipientes cerâmicos para conter líquidos fermentados. Podiam também servir como urnas funerárias. Ou seja, era produzida uma grande variedade de formas, com inúmeras utilizações. Grandes vasilhas, com mais de um metro de diâmetro, eram denominadas de **cambuchi** entre os Guarani e **igaçabas** entre os Tupi. Serviam para armazenar água e produzir uma bebida alcoólica, o **cauim**. Panelas de tamanho médio, os **yapepó** entre os Guarani, serviam para cozinhar. Tigelas de 20 a 30 cm, serviam para a apresentação e o consumo de alimentos. Mesclado a elementos europeus, esse foi em grande parte o artesanato cerâmico colonial caboclo.

Produziam em larga escala recipientes elaborados em porongos, como as maracas sagradas ou as cuias nas quais tomavam uma infusão de folhas tostadas e moídas de erva-mate. O chimarrão era obtido a partir de folhas secas e quebradas, colocadas em infusão na água quente nas cuias. O líquido é absorvido por meio de canudos com as bases perfuradas ou trançadas para filtrar e absorver a bebida. Denominavam a mesma bebida, consumida com água fria, de **tererê**.

Base da alimentação da sociedade colonial

Essas diversas plantas, ricas em nutrientes e muito variadas, foram também a base da alimentação da sociedade colonial e ainda hoje colaboram de maneira substancial na culinária brasileira e americana.

Os portugueses e espanhóis, após as expansões do Grandes Descobrimentos, no século XVI, trouxeram diversas plantas dos outros continentes para a América. Da Ásia, por exemplo, vieram os cítricos (as laranjas e os limões), as bananeiras, a cana-de-açúcar, a caneleira, o gengibre, os coqueiros, as jacas, os caquis, as mangas, o arroz e o chá. Da África, chegaram os pés de café e os inhames. Percebe-se facilmente a importância das plantas americanas.

Continuaram a caçar e pescar a abundante fauna fluvial, florestal e campestre: capivaras, antas, veados, porcos-do-mato, répteis, aves e peixes. A coleta era diversificada, sobretudo de moluscos fluviais e terrestres. Encontravam alimentos silvestres, como o mel, produzido pelas pequenas abelhas nativas americanas.

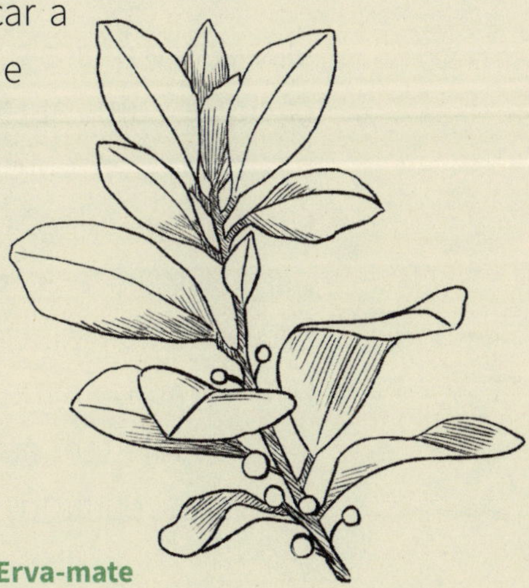

Erva-mate

Organização social

Importantes alterações na forma de organizar a sociedade aldeã também foram trazidas da planície amazônica.

As autoridades familiais em cada oca, em cada aldeia, são quase sempre masculinas (**karai, tuvixa**). O **cacique** é uma autoridade que trata de assuntos administrativos, escuta seu povo, resolve os problemas que surgem nas relações interfamiliares e mantém a disciplina. Organiza as cerimônias e é o representante de seu povo nas relações interétnicas. Atualmente, projetam-se também muitas lideranças femininas.

O **pajé** tem autoridade espiritual, pois relaciona a aldeia ao reino dos espíritos. Dirige as cerimônias religiosas, explica os sonhos, prevê as boas ou más colheitas, as boas ou más pescarias. Ele reza e solicita o auxílio dos espíritos para a cura das doenças.

As lideranças indígenas têm se destacado inclusive junto ao Governo Federal, em Brasília, como é o caso da ministra dos Povos Indígenas, Sonia Guajajara.

O modo de ser (**nhandereko**) guarani persistiu por dois milênios, até nossos dias, devido à forte e coesa tradição cultural e aos contatos contínuos entre as diversas parcialidades étnicas que falavam a mesma língua e participavam da mesma cultura.

Os rios e os caminhos que ligavam as aldeias oportunizavam a realização de trocas dos produtos de artesanato e ligações matrimoniais; garantiam a manutenção da solidariedade dos grupos aliados, através das uniões por laços políticos e de parentesco; facilitava a organização das formas de defesa mais efetivas contra os inimigos e a preparação individual dos guerreiros.

Essas vias fluviais eram também as rotas de penetração e de expansão em novos territórios. Utilizaram-se de barcos monóxilos* para seus deslocamentos pelos rios e afluentes tributários.

Antes das migrações, os Guarani já possuíam uma série de conhecimentos necessários para a sobrevivência na selva, o perfeito domínio do ambiente (clima, relevo e bioma) e da farmacopeia nativa.

(*) Uma embarcação feita com um único tronco de árvore, escavado ou esculpido.

A língua dos Guarani

A complexidade das técnicas para a elaboração dos utensílios, a capacidade de viver em aldeias e comunidades demograficamente mais numerosas, as trocas comerciais e as crenças religiosas comuns levaram esses grupos a desenvolver uma linguagem mais sofisticada, com um maior número de vocábulos.

Para transferir de uma geração a outra o modo de vida (**nhandereko**), não bastava apenas um conjunto de gestos. Eram necessárias as palavras. Se não existisse esse rico vocabulário, como pensar o mundo e transmitir as abstrações conceituais que esse pensar exige?

No Brasil meridional, a língua tupi-guarani foi falada entre populações interioranas até o século passado. Contribui hoje com cerca de 20% das palavras do idioma falado no Brasil.

Algumas palavras indígenas incorporadas ao português

Arara, Açaí, Caatinga, Caí, Caju, Capivara, Curumim, Cupim, Cutia, Cutucar, Gravataí, Guaíba, Jacaré, Jacareí, Jacuí, Jabuti, Jaguar, Jararaca, Jacarandá, Mandioca, Maracujá, Oca, Paca, Paçoca, Pajé, Pindaíba, Pereba, Peteca, Pororoca, Piá, Pipoca, Piranha, Pixaim, Quati, Sabiá, Saúva, Taba, Tacape, Taquari, Tatu, Tucano, Urubu, Xará.

Com o povoamento e a expansão demográfica dos Guarani, uma de suas maiores criações culturais – a sua língua – se transformou na língua geral do Brasil atlântico, na época colonial.

Atualmente é uma das línguas oficiais do Mercosul e uma das mais faladas na América do Sul: são 6,54 milhões de pessoas no Paraguai, na Argentina, na Bolívia e no Brasil.

A língua guarani foi útil para a produção de obras, sobretudo narrativas envolvendo os homens e os animais, transmitidas oralmente. Os povos indígenas têm as suas próprias histórias, longas e complexas como as dos demais participantes do povoamento de nossa região.

As narrativas e contos produzidos pelos Mbya Guarani nos mostram um grande conhecimento da fauna e da flora, sobre o território que habitam e as paisagens dos contextos geográficos.

O legado guarani

em plantas e medicamentos

A grande contribuição desses grupos amazônicos foi terem sido os responsáveis pela domesticação e a dispersão de uma variedade de plantas, pelas terras baixas da América do Sul. Não apenas enriqueceram a dieta alimentar dos primeiros grupos locais de caçadores, mas igualmente foram utilizadas como medicamentos.

Ananás

Os Guarani denominaram **ananá** (abacaxi) uma fruta muito saborosa, também utilizada para fins medicinais, e que é sempre indicada como a melhor e a mais gostosa de todas as frutas cultivadas pelas populações originárias.

Ananá

Amendoim

É uma leguminosa, denominada de **manduvi** pelas populações indígenas e **mani** pelos espanhóis, e que serve não apenas para a alimentação, mas também para a produção de óleo.

Abacateiro

É uma árvore de grande porte e seu fruto, o abacate, está incorporado à gastronomia das populações indígenas.

Calabaças

Denominadas de **porongos**, são produzidas para servir de recipientes vegetais (a cuia do mate ou os maracás das danças rituais).

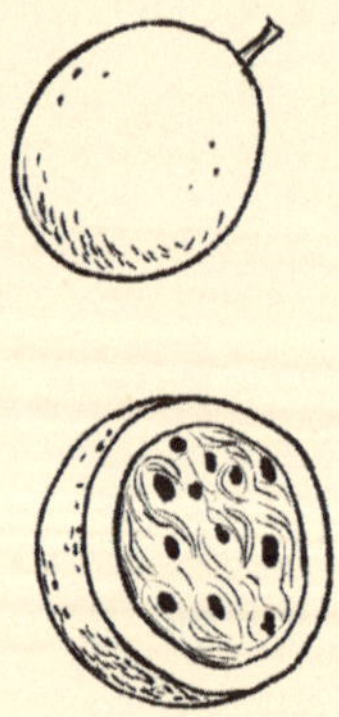

Araçazeiros e goiabeiras

Dão como frutos os **araçás** e as goiabas (**araçá-guaçu**).

Passiflora

É um arbusto que produz um fruto, o maracujá, cujo suco levemente ácido sempre foi muito apreciado pelos indígenas.

Maracujá

Feijões
São leguminosas muito nutritivas, pois fornecem uma alimentação rica em proteínas vegetais.

Milho
Tem um alto rendimento alimentar, pois poucos grãos plantados dão origem a um caule, cada haste origina três espigas, cada espiga, de 600 a 800 grãos.

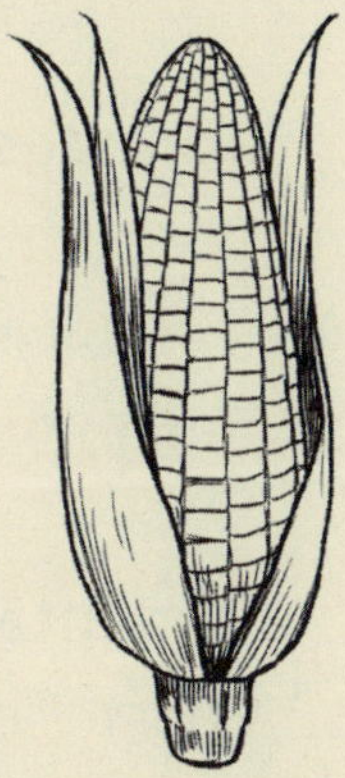

Milho

Mandioca
Denominada de **manioch** em tupi-guarani e **yuca** para os povos andinos, é altamente nutritiva, tanto cozida como na forma de farinha.

Mamão
Fruta altamente nutritiva, rica em fibras.

Batatas, comum e doce
São ricas em amido e ricas em nutrientes, podendo ser consumidas cozidas ou esmagadas.

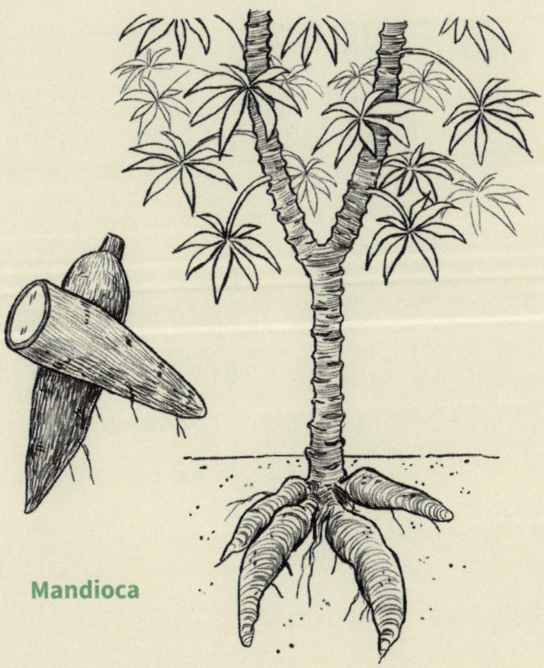

Mandioca

Tabaco
Foi utilizado pelos pajés sobretudo para finalidades rituais, pois produz a **tataxinã**, a fumaça sagrada.

Tomates
Denominados de **tomatl** na língua nahuati do México, são consumidos como frutas, como legumes e como molho para complementar a alimentação.

Pimentas
Podem ser consumidas cruas ou cozidas, secas ou moídas.

Palmitos
Colhidos no coração de certas palmeiras.

Algodão
É um arbusto que produz uma fibra que serve para múltiplas utilidades, tais como redes, cordas, tecidos etc.

O plantio realizado na horticultura (**kokue**) e os cuidados com a natureza são extremamente importantes para os Mbya Guarani. Várias etapas são necessárias para a boa colheita que ocorrerá em futuro próximo.

A primeira tarefa é a mais árdua e exige muito esforço físico. Os homens adultos ficam encarregados de limpar a clareira que foi destinada à sua família extensa: cortar as árvores e os arbustos, queimando em pequenas coivaras controladas o que não será aproveitado.

Em seguida, as mulheres plantarão as sementes sagradas em pequenas covas. Ao arrancar as raízes da mandioca da terra, as mulheres enterrarão um fragmento do caule no buraco que se abriu. O trabalho feminino na horticultura não é extenuante. E a responsabilidade do plantio é dado a elas, pois são as que dominam a tarefa sagrada da reprodução da vida humana e da vida da natureza.

O plantio de cada planta está relacionado a uma época específica, ao longo das estações do ano. Mas a batata-doce e a mandioca podem ser plantadas ao longo de todo o ano.

O milho tem duas colheitas. A primeira, do milho ainda verde, é para a alimentação. A segunda serve para secar as espigas ao sol, debulhar os grãos que servirão como semente e preparar o plantio que garantirá a nova colheita.

Todos os dias, os aldeões guaranis se dirigem para suas pequenas hortas, pelas picadas abertas nas florestas. Colhe-se o que está maduro. Enquanto esperam o momento propício para o plantio, devem limpar as roças, manter as pequenas clareiras onde estão suas hortas livres do mato e das ervas daninhas.

Pequenas **coivaras (queimas)** controladas auxiliam nessas limpezas das áreas de plantio.

Jamais as florestas serão destruídas pelas atividades de plantio dos Mbya Guarani.

Utilizam técnicas que não causam impacto na natureza, ao contrário das queimas sem controle que estão atualmente destruindo de forma massiva a vegetação de nossas paisagens.

Muitas plantas coletadas ou cultivadas são utilizadas como medicamentos, pois se acredita terem virtudes curativas. São consumidas como chá de folhas, cocção de cascas de árvores ou mesmo de raízes. Esse conhecimento será transmitido para as novas gerações, pois as crianças acompanham os mais velhos nessas atividadades de horticultura e de coleta.

A voz da Tekoá Kurity

*Fala do cacique Marcelino Kuaray Nhe'ery Duarte durante trilha cultural pela Tekoá Kurity, na programação do Festival Saíra Encantada.**

(*) Evento realizado em 30/março 2025, com recursos da Lei 14.399/2022 – Política Nacional Aldir Blanc de Fomento à Cultura, através do edital de chamamento público 03/2024 – Canela/RS.

“Nós retomamos* essa terra aqui em Canela, e vou contar a origem.

Meu pai veio da Argentina, lá que eles e meus tios nasceram, vieram acampando em vários lugares no caminho, sabendo que aquele trajeto já tinha sido feito por parentes muito tempo antes.

Nasci na localidade do Passo da Estância, junto à BR-116, próximo a Barra do Ribeiro. Depois, fomos morar na Granja Vargas, em Palmares do Sul, litoral sul do estado, onde cresci dos três aos vinte anos. São trinta anos já, daquela aldeia liderada pelo meu tio, Paulo Pires Morinico, irmão caçula do meu pai.

Nossos espíritos então nos guiaram para cá, onde viveram muitos dos nossos antepassados.

Aqui é a terceira retomada. Sempre ouvimos histórias que o parente José Benites viveu aqui nos anos 1940. É por isso que se chama Barragem dos Bugres. Mas foram expulsos, como tantas vezes aconteceu com nosso povo. Onde nasceu a sua vó você também gostaria de estar, visitar, viver, né? O Guarani sempre viveu

★ O que é uma RETOMADA indígena?
É quando uma comunidade busca reaver um território que foi ocupado por seus antepassados numa época do passado e, provavelmente, deixou de ser devido a expulsões por parte de novos imigrantes ou posseiros.

Cacique Nhe'ery

pelo litoral e próximo a grandes rios, e subia a serra pra se alimentar do pinhão nessa época do outono.

Chegamos em 29 de dezembro de 2021, era calor ainda, e dormimos no chão. Depois no inverno passamos muito frio, fizemos muitas fogueiras pra nos aquecer.

E aqui é nossa luta pelo nosso território, nessa área que era nossa, depois ficou pública – era da CEEE, que foi privatizada*.

E tudo aqui ainda era mato fechado, abrimos tudo e transformamos na nossa aldeia, nossa morada, e as-

* Conforme notícias no *Jornal Pioneiro* e do portal *Sul 21*, em 12 de maio de 2023, o Tribunal Regional Federal da 4ª Região suspendeu reintegração de posse da área indígena, que havia sido concedida em favor da empresa CEEE-G contra a comunidade Mbya Guarani.

https://sul21.com.br/noticias/geral/2023/05/justica-decide-pela-permanencia-de-indigenas-no-horto-florestal-bugres-canastra-em-canela sim conseguimos provar para o juiz, para a CEEE, que viemos ficar, retomando assim o território ancestral do nosso povo."

(Começamos a caminhar pela aldeia e o cacique foi contando um pouco mais sobre os hábitos e rotina da comunidade.)

"E desde então nós plantamos frutas nativas, porque as crianças hoje nascem e pensam que tudo é fruta apropriada pelos brancos, e se são nativas, foram cuidadas por nossos parentes antes: a guabiroba, araçá, goiaba, pitanga, cereja e muitas ervas medicinais, pra nossa cura.

E também plantamos umas exóticas, e achamos que infelizmente algumas sementes sejam transgênicas, como bergamota, laranja, pêssego, maçã, milho.

Logo adiante está nossa **opy**, nossa casa de reza. Nós pedimos desculpas, mas ali não podemos ir, em respeito a meu pai que era nosso líder espiritual e faleceu há pouco tempo. ”

OPY

(Seguimos a caminhada, saindo da área das casas da aldeia e iniciando a trilha da colheita, pela qual entrávamos a partir de um portal com um desenho intrigante: uma pantera negra e um indígena. Ali o cacique comentou que contaria a lenda do Jekupê e Jaguaretê.)

A lenda do Jekupê

Narrada pelo cacique Marcelino Kuaray Nhe'ery

"*Há muitos anos, o povo* ***Mbya Guarani*** *vivia em paz e harmonia com a natureza e os animais. Em uma tekoá* (**aldeia**) *próxima a um majestoso rio e uma imponente serra vivia uma das muitas comunidades. Este povo tem uma tradição especial, que é passada de geração em geração, onde o líder espiritual, conhecido como* ***karai****, é o guardião de histórias antigas e misteriosas.*

Em uma noite estrelada, dois jovens ***xondaro*** (**guerreiros**)*, curiosos e destemidos, pediram ao* ***karai*** *que lhes contasse a história do lendário* ***Jekupê.***

Cachimbo

Reunindo-se ao redor de uma fogueira, o ***karai*** *acendeu seu cachimbo, símbolo de grande importância para o povo Mbya Guarani, pois simbolizava que ele tinha algo significativo a* *compartilhar. Enquanto a fumaça envolvia o ancião, ele começou a narrar a saga do* **Jekupê** (puma), *um animal importante e protetor dos Mbya Guarani, que habitava a imensa montanha do outro lado do rio. Intrigados pela história, os dois jovens guerreiros decidiram empreender uma jornada para descobrir se o* **Jekupê** *realmente existia. Equiparam-se com arcos e flechas, partindo ao amanhecer em direção à misteriosa montanha.*

Durante a caminhada, eles chegaram à margem do rio, onde pescaram peixes e se alimentaram. A montanha ainda se erguia distante, parecendo inatingível. Com a noite se aproximando, os guerreiros decidiram passar a noite em segurança nas árvores, escolhendo o sagrado ***Jerivá****, onde nenhum animal ousava subir.*

Sob a proteção das altas árvores, a noite passou tranquilamente, sem ameaças da selva. Ao amanhecer, desceram e atravessaram o rio com destemor. O topo da montanha estava agora mais perto, mas a incerteza pairava no ar. Quando finalmente alcançaram o cume, o guerreiro mais velho olhou ao redor e, desapontado, exclamou: **Onde está o Jekupê? Não há sinal dele!**

Desiludidos, os dois irmãos estavam prestes a retornar quando ouviram um som sinistro. Era o rugido de um **Jaguaretê**, uma ameaça mortal na selva. O guerreiro mais velho apertou a mão de seu irmão mais novo, comunicando que, na selva, o som indicava perigo iminente.

Em pânico, eles viram o felino se aproximar rapidamente. Sem pensar duas vezes, prepararam seus arcos e flechas, mas o tigre estava muito próximo e pulou em direção ao guerreiro mais velho. O guerreiro, tremendo de medo, perdeu o alvo, lançando sua flecha ao vento.

Nesse momento de desespero, algo incrível aconteceu. Do outro lado do monte, surgiu o ***Jekupê****, o animal protetor, com poderes além da*

*compreensão humana. O **Jekupê** enfrentou o tigre feroz, lutando com coragem para salvar os dois guerreiros, derrotou a fera e a afastou.*

*Assim, os jovens guerreiros perceberam que o **Jekupê** não era apenas uma lenda, mas uma realidade. O **Nhanderu Jekupê** os conduziu em segurança de volta à aldeia, provando sua existência e sua natureza protetora do povo Mbya Guarani."*

*Essa emocionante jornada fortaleceu a crença dos **xondaro** em suas tradições e lendas, reforçando sua conexão com a natureza e o mundo espiritual. E a história do encontro com o **Jekupê** segue sendo contada pelos **karai** em todas as **Tekoá** do povo **Mbya Guarani** (e o cacique acrescentou após a leitura deste texto) – e agora também registrada neste livro para preservá-la para as gerações futuras.*

(Continuando o caminho, o cacique guiava o grupo e disse que não poderia ser uma trilha muito longa, pois ele cuida do impacto na mata. Passamos por pés de erva-mate e, ao chegarmos a uma área mais aberta, encontramos banquinhos de madeira e tábuas para sentar. Havia placas com aves pintadas: tucano, gralha-azul, papagaio.)

“A *gralha* é a guardiã, protetora das araucárias. Para o povo guarani é nossa mensageira. Quando a **ave azul** chega, sabemos que tem uma notícia. Antigamente, quando tinha mais animais, meus antepassados sabiam dizer. Mas hoje fomos perdendo a comunicação com os bichos, então só sei que vem uma notícia, algo vai acontecer.

O tucano (**tukã**) traz energia do criador para nosso espírito. Ele tem ainda muitos segredos. que não posso contar. A história do papagaio (**parakau**): ele era uma pessoa, por isso que ele fala. Mas essa pessoa recebeu um castigo e virou ave.”

“Aqui, na Aldeia, não temos escola tradicional, do branco. Nossa escola é a fogueira, a natureza. Não pode morar aqui e sair para trabalhar e voltar. Isso não queremos, pois traz um apagão cultural. Se quiser sair e morar na cidade, pode. É uma escolha. Aliás, já recebemos muitas críticas por usarmos celular, ter carro. A gente ouve muito isso, como se não fôssemos mais tradicionais.”

(Na sequência, algumas pessoas fizeram perguntas sobre modo de vida, e se ainda é possível viver de caça e pesca.)

“Pesca não, pois quase não há mais rios saudáveis. No Norte do Brasil, pela floresta ser ainda tão gigante e viva, é possível os parentes lá manterem seu modo tradicional. Aqui no Sul é cada vez mais difícil, porque o branco termina com a água, a madeira, e sem a natureza nós, indígenas, passamos fome, frio. Raramente conseguimos caçar o tatu. Mas o quati a gente preserva, porque sabe que sobrou pouco.

Agora vem o inverno, é muito frio, então pedimos agasalhos. E também mudas nativas de frutíferas.”

(Mostra a placa lá logo antes da entrada da aldeia.)

“O TRF4 veio instalar, isso mostra que tem a aldeia, mas que ainda não está demarcada. Segue *sub judice*. O processo é longo, certamente. Mas a gente espera e enfrenta.”

(Fomos para o lanche comunitário, na parte da aldeia onde existem outras casas. Havia também duas bancas de artesanato típico: colares, pulseiras e bichinhos feitos de madeira. Por fim, a apresentação do coral ***Mbor'í Mbaraete*** *emocionou a todos.)*

"Agradecemos a presença dos visitantes e os recebemos com amor e respeito, estamos abertos e em espírito para esta atividade. "

Sepé Tiaraju

"Sepé cuidava do nosso povo. Ele juntava os animais silvestres, como é feito na Vacaria, do Guarani Vaká. Nosso guerreiro estava de olho no território. Ele não sentava: corria e corria, ia e voltava, por toda a nossa terra, cuidando do nosso povo. Corria em cima do cavalo, das Missões ao litoral. Levava só três minutos de um lado a outro do estado. Essa é nossa lenda."

Esculturas de animais

"Os bichinhos de madeira são uma arte antiga, milenar. Construíamos banquinhos para sentar, em formato dos animais que tínhamos perto: tatu, onça, tamanduá. Também viravam mesa, de uso dentro da aldeia. Claro que não era para vender. Hoje, sim, pro nosso sustento, precisamos do comércio disso. Cestaria também. E de cerâmica fazíamos pratos, panelas, colher, potes, pra usar nas refeições. Com madeira fazíamos barco, violão e muito mais. Meu avô conta que soube pelo avô dele que o serrote é invenção guarani. O **jurua** (homem branco) aprendeu e copiou a gente. A gente usava com dente de peixe pra cortar madeira, árvores pequenas.

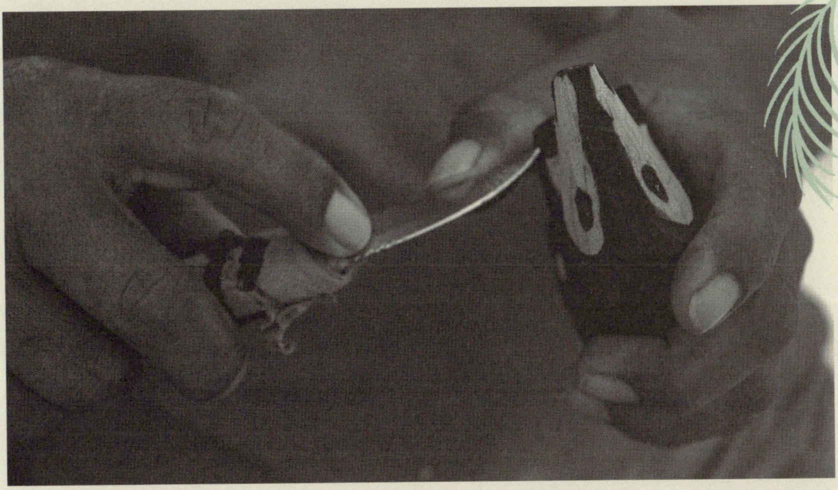

Os rios estão secando

“Os rios estão desaparecendo. Aqui na serra tem poucos. Cada vez menos. O Rio das Antas é um dos poucos que segue forte e rico. O **jurua** (homem branco) destrói tudo. O peixe, que era nosso alimento, tem menos. A gente respeita o rio, a água. A humanidade sabe que precisa da água, sem água ninguém vive, nem nós, nem os animais. Mas, mesmo sabendo isso, o jurua destrói e acaba com a natureza. A gente respeita.

Pensar o mundo

A língua permitiu também aos Mbya Guarani elaborarem e reproduzirem uma rica e extraordinária visão de mundo. Trata-se de uma **cosmoecologia** que permaneceu sempre nas crenças deste povo. E perdura ainda hoje, juntamente com muitas crenças do Cristianismo, assimiladas devido aos contatos com os missionários jesuítas.

Os Guarani concebem um universo dividido em três espaços diferentes, mas que se completam.

Acima de tudo o que existe, está o paraíso (**yva**), muitas vezes também chamado de céu.

Para nele entrar, devem as almas dos Guarani passar por uma espécie de abertura (**yvakua**), ou porta, guardada por pássaros divinos (**arara)**.

Abaixo desse espaço existe uma zona intermediária, ou seja, o mar (**para**).

Abaixo dele está o mundo em que vivem todos os homens. O mundo terrestre no qual vivem atualmente os Mbya Guarani é **Yvy.**

Como é um mundo imperfeito, no qual nada é dado e temos que renovar nossos esforços para sobreviver, é **Yvy vai.**

Entretanto, no passado, houve uma outra terra, a primeira terra (**Yvy tenondegua**), criada por **Nhamandu Ru Ete**, o primeiro Nhanderu, já povoada pelos seres originais.

Depois de mil anos, ela foi destruída por um dilúvio. Após o alagamento das florestas, a terra foi renovada e novamente edificada por Nhamandu. E passou a se denominar **Yvy pyau,** ou seja, a terra após o trágico dilúvio.

Nhamandu, o primeiro Nhanderu (**tenonde**), Pai verdadeiro, utilizou um bastão ritual para a criação da terra. Esse Nhanderu criou uma base sobre a qual estabeleceu a terra: são dois enormes troncos da palmeira que se cruzam em ângulo reto (**+**).

Devem os Guarani sempre rezar e cantar na okara, o espaço oval no centro da aldeia, para que essa base não caia e o mundo possa continuar no seu lugar.

No centro da terra se ergue uma palmeira verde-azul (**pindo ete'i**), jerivá. Outras palmeiras, verdadeiras e eternas, se erguem, como se fossem os quatro pontos cardiais, assinalando a morada de seres divinos e o local de origem do tempo-espaço primitivo.

No ocidente dessas terras, onde todos os dias nasce o sol (**Kuaray**), fica **Yvyju porã**, a terra dourada, boa e sadia, também denominada de **Yvy marãey**, pois é a terra da eternidade, onde tudo se renova e nada tem fim, nada se termina.

É o lugar para onde as almas irão após a morte, e para onde se gostaria de ir ainda quando vivos. É onde se encontra **Karai Ru Ete.**

No ocidente, uma palmeira verde-azul assinala a morada de **Tupã Ru Ete.** Esse Nhanderu é o dono da água e é ele que nos manda a chuva. No final da tarde, quando nuvens ameaçadoras rolam pelo céu, produzindo trovões e iluminadas por raios, como em um temporal de verão, é **Tupã** que vai visitar **Kuaray,** no outro lado do céu.

Outras palmeiras jerivás assinalam ao norte o lugar onde se originam os Ventos Bons. É a **amba** (morada) de **Karai Ru Ete.**

E ao sul o local do tempo-espaço primigênios, onde tem o seu amba a divindade **Jakaira Ru Ete.**

As palmeiras verde-azuis também indicam o **Yvy porã**, uma terra sadia e boa, na qual podem instalar as suas aldeias (**tekoá**), o espaço no qual podem manter o seu **nhandereko,** ou seja, a sua maneira de viver, como comunidade Mbya Guarani.

Deve ser um espaço no qual existam florestas contínuas, banhadas pelo sol nascente, plantas variadas e animais silvestres em grande quantidade, fontes de água potável.

São evidências da ocupação por antepassados guaranis, visíveis nos pomares de árvores frutíferas.

São também vestígios da ação de Nhanderu, que deixou essas espécies para serem apropriadas pelos Mbya, e que indicam os locais onde devem ser instaladas as aldeias.

As palmeiras verde-azuis são integralmente aproveitadas pelos Guarani: os frutos, os caules, as folhas etc. Os troncos servem para sustentar os tetos e as paredes das casas. As palmas cobrem os tetos e protegem os acessos das casas. As fibras das folhas são resistentes e possibilitam a confecção de redes de pesca.

É no centro geográfico dessa terra (**Yvy mbyte**) o local onde habitam os Guarani, no Paraguai.

A partir desse centro é que se irradiaram as diversas migrações que terminaram se dirigindo às demais áreas, tal como **Para Mirí,** a mesopotâmia formada pelo Rio Uruguai e o Rio Paraná.

De lá, um longo caminho (**Tape**) faz a ligação entre a margem esquerda do Rio Uruguai e as águas do Oceano Atlântico, o **Para Guaxu**, pela Depressão Central e pelos vales dos Rios Ibicuí e Jacuí, até atingir o litoral (**Tava mirí**).

Falar com as divindades

Outra crença dos Guarani é sobre a fumaça sagrada dos cachimbos. Os Guarani afirmam que os cachimbos (**petyngua**) foram dados aos Mbya por **Nhanderu.** São muito importantes, pois com eles se pode entrar em contato com as divindades.

Neles se coloca o tabaco para produzir a fumaça sagrada (**tataxinã**) relacionada a **Karai**, uma das divindades. Com ela os pajés podem curar, ao absorver a fumaça sagrada. Os Mbya podem se concentrar mentalmente e entender o mundo.

Acreditam também que a névoa que cobre o vale do rio pela manhã é igualmente sagrada. É o momento em que os **pajés** e os **tuvixa** fazem seus mais belos discursos.

Com belas e sagradas palavras. Quando nasce uma criança, o pajé sopra sobre ela a **tataxinã** que é produzida pelo **petyngua** sagrado, em seguida lhe dá o seu nome.

Essas crenças são reproduzidas pela tradição oral e ensinadas às novas gerações na **opy**, a casa das rezas, no centro da aldeia.

As visões de mundo dos Guarani serviram para organizar o funcionamento de sua sociedade, até a atualidade. São essas crenças que definiram **regras sociais e valores.**

Podemos afirmar que elas deram **um sentido à vida humana.**

A arqueologia e a antropologia

Esta longa história pode ser entendida, em primeiro lugar, a partir do legado que as atuais gerações de Mbya Guarani receberam das gerações passadas para constituírem a sua tradição cultural.

Entretanto, os hábitos e costumes de outros grupos indígenas Guarani atuais são também estudados pela antropologia.

Os vestígios materiais da cultura, produzidos pelos povos ancestrais, são evidenciados e analisados pelos arqueólogos.

Esses vestígios materiais são encontrados em sítios arqueológicos.

Artefatos líticos polidos, objetos feitos de madeira (nó de pinho), cemitérios com restos ósseos enterrados, resíduos da flora e da fauna, fragmentos de cerâmica ou vasos inteiros, vida em aldeias, domesticação de plantas, solos de terra preta etc.

Eles são importantes para conhecermos a história dos povos originários, de aldeões e de horticultores, desde a sua chegada no Sul do Brasil, há mais de dois mil anos.

Atualmente seus vestígios podem ser estudados em toda a região Sul, onde as datações absolutas da arqueologia comprovam esse povoamento dos aldeões guarani, de milhares de anos.

As evidências arqueológicas nos mostram que o nosso passado foi complexo do ponto de vista das diversas etnias em presença. E tão diversificado culturalmente quando o nosso presente.

Os povos originários foram importantes protagonistas de uma das maiores transformações culturais ocorridas em nosso planeta, após o período glacial.

Para os arqueólogos essa foi uma revolução tecnológica tão importante quanto a Revolução Industrial.

Esses grupos de aldeões-horticultores trouxeram desde o Amazonas para o Sul do Brasil modelos de sociedades complexas que mudaram o tipo de povoamento que se realizava aqui.

A nossa história atual é o resultado de milhares de anos de ocupação humana, iniciada pelos povos indígenas originários que para aqui migraram.

Trouxeram todos a sua valiosa colaboração.

Ha’evete!

Gratidão.

Bibliografia

BARGHINI, Alessandro. *O milho na América do Sul pré-colombiana.* São Leopoldo, RS: Instituto Anchietano de Pesquisas, Unisinos, 2004.

BRÉSIL INDIEN. *Les arts des Amérindiens du Brésil.* Paris: Éditions des Musées Nationaux, 2005.

BROCHADO, José Proenza. *An ecological model of the spread of pottery and agriculture into Eastern South America.* Urbana, USA (Tese de doutorado não publicada), 1984.

CHAMORRO, Graciela. *Teologia guarani.* Quito, Equador: Abya Yala, 2004.

COPÉ, Silvia. *12.000 anos de história:* arqueologia e pré-história do Rio Grande do Sul. Porto Alegre: Editora da UFRGS, 2013.

DEBRET, J. B. *Les indiens du Brésil.* Paris: Chandeigne, 2005.

FERRÃO, José E. Mendes. *Le voyage des plantes & les grandes découvertes (XVe.-XVIIe. siècles).* Paris: Chandeigne, 2015.

KERN, Arno Alvarez (Org.). *Arqueologia pré-histórica do Rio Grande do Sul.* Porto Alegre: Ed. Mercado Aberto, 1991.

KERN, Arno Alvarez. *Antecedentes indígenas.* Porto Alegre: Ed. da UFRGS, Mercado Aberto, 1994.

KERN, Arno Alvarez. *Arqueologia:* o futuro de nosso passado. Rio Grande, RS: Editora da Furg, 2022.

LADEIRA, Maria Inês. *Espaço geográfico guarani-mbyá.* São Paulo: Edusp, 2008.

MONTOYA, Ruiz de. *Vocabulario de la lengua guaraní.* Assunção (Paraguai): Centro de Estudos Paraguayos, 2002.

NIMUENDAJU UNKEL, Curt. *As lendas da criação e destruição do mundo como fundamentos da religião dos Apapocuva-Guarani.* São Paulo: Hucitec, Editora da USP, 1987.

PORTOCARRERO, José Afonso B. *Tecnologia indígena em Mato Grosso:* habitação. Cuiabá: Entrelinhas, 2018.

PROUS, André. *O Brasil antes dos brasileiros.* A pré-história de nosso país. Rio de Janeiro: Zahar, 2006.

POTY, Vherá; CHRISTIDIS, Danilo. *Os Guarani-Mbyá.* Porto Alegre: Wences Design Criativo, 2015.

SILVA, Fabiola; NEVES, Eduardo; DE BLASI, Paulo. *Brasil tupi.* São Paulo: MAE USP, 2004.

VÁRIOS. *Prêmio Culturas Indígenas.* São Paulo: Sesc, 2007.

O **Projeto Guarani** iniciou em abril de 2023, pelos membros do setor cultural da CCC APPLP, Comissão de Cultura e Cidadania da Associação dos Proprietários do Parque Laje de Pedra, Canela, RS. O seu objetivo é apoiar as iniciativas culturais das comunidades Mbya Guarani, difundindo e fortalecendo a sua cultura, que é um dos componentes essenciais da nossa identidade como brasileiros.

Membros do grupo que colaboraram voluntariamente para a produção desta publicação:

Arno Alvarez Kern, autor desta obra, professor titular aposentado pela UFRGS e PUCRS; pesquisador senior do CNPq.
Marcelino Kuaray Nhe'ery, cacique da Aldeia Tekoá Kurity, Canela/RS, e autor desta obra.
Fernando Gomes, produtor cultural, Canela/RS.
Amállia Brandolff, produtora cultural, Canela/RS.
Cristiane Kiefer, coordenadora da CCC APPLP, Canela/RS.
Sandra Stehling, membro da CCC APPLP, Canela/RS.
Júlio Dias, fotógrafo, Canela/RS.

Grafia segundo o Acordo Ortográfico da Língua Portuguesa de 1990, que entrou em vigor no Brasil em 2009.

Coordenação editorial e design gráfico
Clô Barcellos

Capa
Foto de Marco Nedeff

Produção
Fernando Gomes

Ilustrações
Ana Rocha

Fotografia
Marco Nedeff, Julio Dias, Amállia Brandolff e Carine Saez

Revisão
Beto Arreguy

Revisão (mbya guarani)
Luna Mendes

Dados internacionais de publicação na catalogação (CIP)
Daine Schramm
CRB-10/1881

N576g Nhe'ery, Cacique Marcelino Kuaray
Os Mbya Guarani: Aldeia Tekoá Kurity. / Cacique Marcelino Kuaray Nhe'ery e Arno Alvarez Kern, ilustrações de Ana Rocha. – Porto Alegre: Libretos, 2025.
72p.: il.
ISBN 978-85-5549-070-5
1. Literatura. 2. Povos indígenas. 3. Povos originários. 4. Mudanças culturais. 5. Povoamento Guarani. I. Rocha, Ana; il. II. Título.
CDD B869.1
CDU 82

Catálogo sistemático
Povos indígenas: CDD: 306.08981

OS MBYA GUARANI

Aldeia Tekoá Kurity

Libretos

APOIO

CNPq

Parque Laje de Pedra – Associação dos Proprietários – Canela RS Brasil

Livro composto em Source Sans Variable,
com 72 páginas, impresso sobre papel
Pólen 80 gramas, pela gráfica Copiart,
em maio de 2025.

Libretos
Rua Peri Machado, 222, bloco B, 707
Menino Deus, Porto Alegre/RS
Brasil – CEP 90130-130

www.libretos.com.br
libretos@libretos.com.br
@libretoseditora